★ 레전드 시리즈 ★

본격!
영어 여행툰

Language Books

★ 레전드 시리즈 ★

본격!
영어 여행툰

초판 1쇄 발행 2017년 7월 30일
초판 2쇄 발행 2017년 9월 30일

지은이	Rachel Bennett · Jonathan Bennett
그림	서정임
기획	김은경
편집	이지영 · Margarine
디자인	IndigoBlue
성우	Tina Kim · John Michaels
녹음	Charm (주)참미디어
발행인	조경아
발행처	랭귀지북스
주소	서울시 마포구 포은로2나길 31 벨라비스타 208호
전화	02.406.0047/070.4123.3640
팩스	02.406.0042/02.324.2103
홈페이지	www.languagebooks.co.kr
이메일	languagebooks@hanmail.net
등록번호	101-90-85278 등록일자 2008년 7월 10일

ISBN 979-11-5635-062-0 (13740)
값   14,000원
ⓒLanguageBooks, 2017

이 책은 저작권법에 따라 보호받는 저작물이므로 무단 전재와 무단 복제를 금지하며,
이 책 내용의 전부 또는 일부를 이용하려면 반드시 저작권자와 **랭귀지북**스의 서면 동의를 받아야 합니다.
잘못된 책은 구입처에서 바꿔 드립니다.

이 도서의 국립중앙도서관 출판예정도서목록(CIP)은 서지정보유통지원시스템 홈페이지(http://seoji.nl.go.kr)와
국가자료공동목록시스템(http://www.nl.go.kr/kolisnet)에서 이용하실 수 있습니다.(CIP제어번호: CIP2017016190)

머리말 **Preface**

어려운 영어 공부? 하지 마세요!
진짜 쉬운 영어로 여행하세요!

여행을 떠나기 전 수많은 계획을 짜고 준비를 해도, 도착하면 생각대로 안 풀리는 일이 허다합니다. 그래도 우리는 여행을 계속하고 맞닥뜨린 상황을 즐기며 추억을 만들죠. 영어 말하기가 딱 여행과 똑같답니다. 여행을 좋아하는 여러분은 충분히 영어를 잘할 수 있다! 확신합니다. 어떻게 하면 여행하듯이 영어를 잘할 수 있냐고요?

1. 거창한 목표 NO! 일단 입에서 뱉어요.

영어는 우리가 '써먹기 위한 도구'이지, 정복의 대상이 아닙니다. 이 책을 읽고 원어민처럼 미국을 누비겠다는 부담감은 접어 두세요. 웹툰처럼 가볍게 읽고, 버스나 지하철로 오갈 때 배경 음악처럼 MP3를 들어 보세요. 나도 모르게 술술 자동 암기가 돼 있을 거예요.

2. 복잡한 공부 NO! 하고픈 말이 먼저예요.

영어는 우리가 '말하기 위한 방법'이지, 고득점을 위한 자격시험이 아닙니다. 이 책은 사전 찾기나 문법 분석이 필요 없도록 진짜 쉬운 영어로 집필되었으며, 수준에 따라 참조할 수 있도록 한글판을 제공합니다. 순서나 주제에 얽매이지 말고 말하고 싶은 내용, 흥미를 느낀 문장부터 말해 보세요.

3. 불안, 초조 NO! 자신감을 가져요.

영어는 우리가 '소통하기 위한 수단'이지, 미션 수행이 아닙니다. 이 책은 딱 한마디부터 제대로 시작할 수 있도록, 간단 명료한 문장을 제시하는 데 초점을 두었습니다. 실수해도 괜찮습니다. 자신 있게 시작해 보세요. 보고, 느끼고, 만나는 것들을 넓혀 가는 재미가 쏠쏠할 거예요.

이 책을 읽으면 '나도 빨리 여행 가고 싶어!', '나도 Abby나 Leo만큼은 하겠는데?'하는 자신감이 생깁니다. 여러분이 여행지에서 새로운 친구도 사귀고 책이나 영화에서만 보던 것들을 직접 근사하게 즐기는 데 도움이 되길 바랍니다.
이 책이 나올 수 있도록 기회를 주시고 마지막까지 애써 주신 모든 분께 감사드립니다.

Rachel & Jonathan

How to Use 이 책의 특징

개성 넘치는 주인공들의 20일 뉴욕 코스에 함께해 보세요. 때로는 실수연발, 좌충우돌 즐거운 뉴요커 생활을 따라가다보면 자연스럽게 현지 실전 영어가 내 것이 됩니다!

1. 카툰 영문판 & 한글판

PART I은 **영문판**, **PART II**는 **한글판**으로 현재 나의 영어 수준에 따라 막힘없이 읽을 수 있습니다. 먼저 **PART I 영문판**으로 상황별 핵심 표현을 연습해 보세요. **PART I**에서 연습한 영어 표현을 **한글판**을 보며 훈련합니다. 알쏭달쏭한 부분은 **한글판**의 해석을 참조하되, 해당 부분의 영문은 통문장으로 여러 번 읽으며 자연스럽게 익혀 보세요!

2. 유용한 표현 & 여행 필수 정보

여행에서 꼭 필요한 확장 표현, 미국을 여행할 때 반드시 알아야 할 정보까지 수록했습니다. 여행에서 실제 일어날 수 있는 모든 상황에 자연스럽게 대처할 수 있고, 미국인들의 에티켓과 매너까지 익힐 수 있습니다!

3. 원어민 MP3

말하기 실력을 높이기 위해서는 반복이 매우 중요합니다. 원어민 전문 성우가 정확한 발음으로 녹음한 MP3를 자주 듣고 따라 해 보세요. 이 책의 표현만 100% 구사할 수 있다면 원어민과 대화도 문제 없습니다!

Contents

20 DAY
NEW YORK COURSE

Welcome Center 20
NYC Airporter 21
Air Train 22
Metro 23

PART 1
ENGLISH

Airport 12
Immigration 13
Customs 15

Fast-food Restaurant 82
B-Line 85

MoMA 78
Museum 80

Map 75
Streets & Avenues 76

Shopping 86
Frangrances 88
Underwear 90
Sample Sale 92
Cosmetics 94
Shoes 98

Pharmacy 102

Gas Station 110
Rental Cars 112

Reservation 106
Check-out 108

Airbnb 114

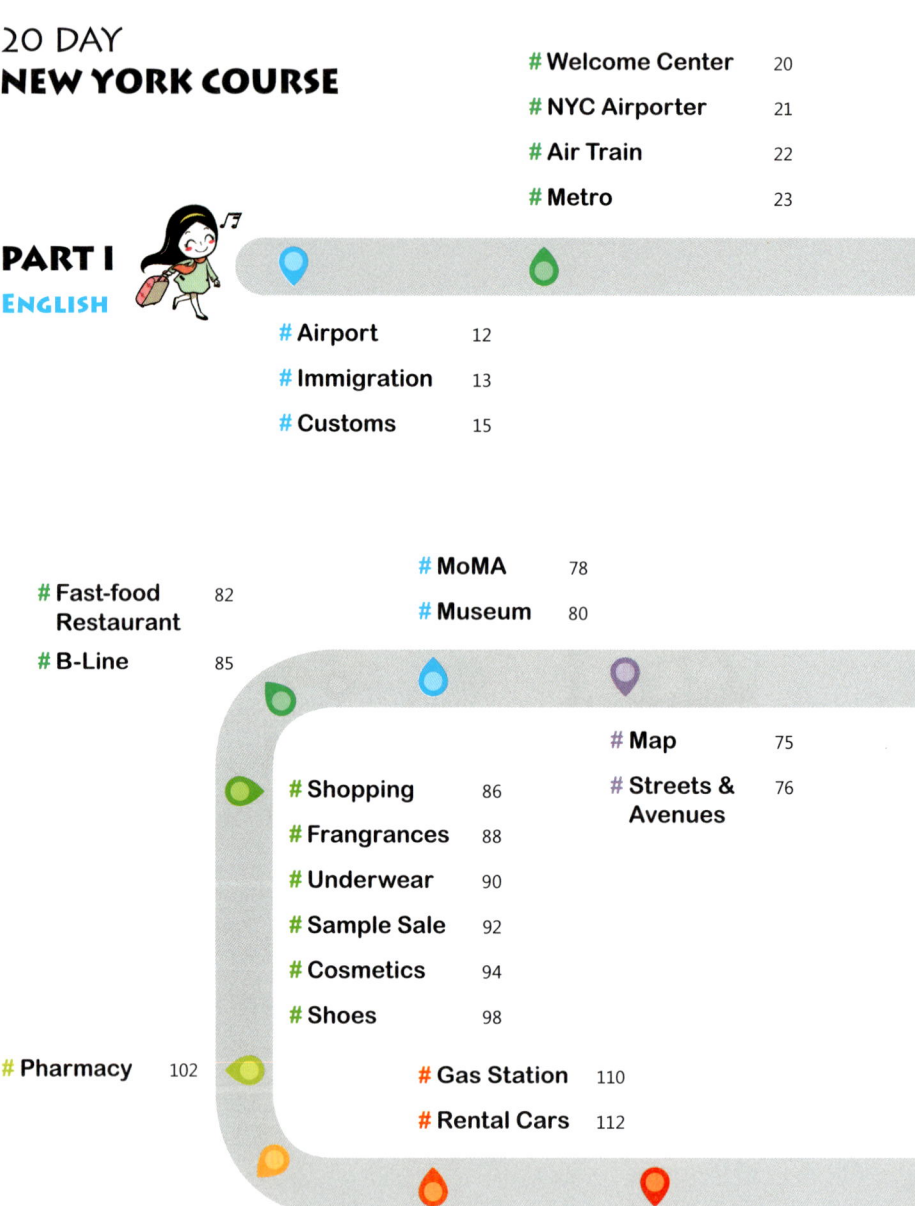

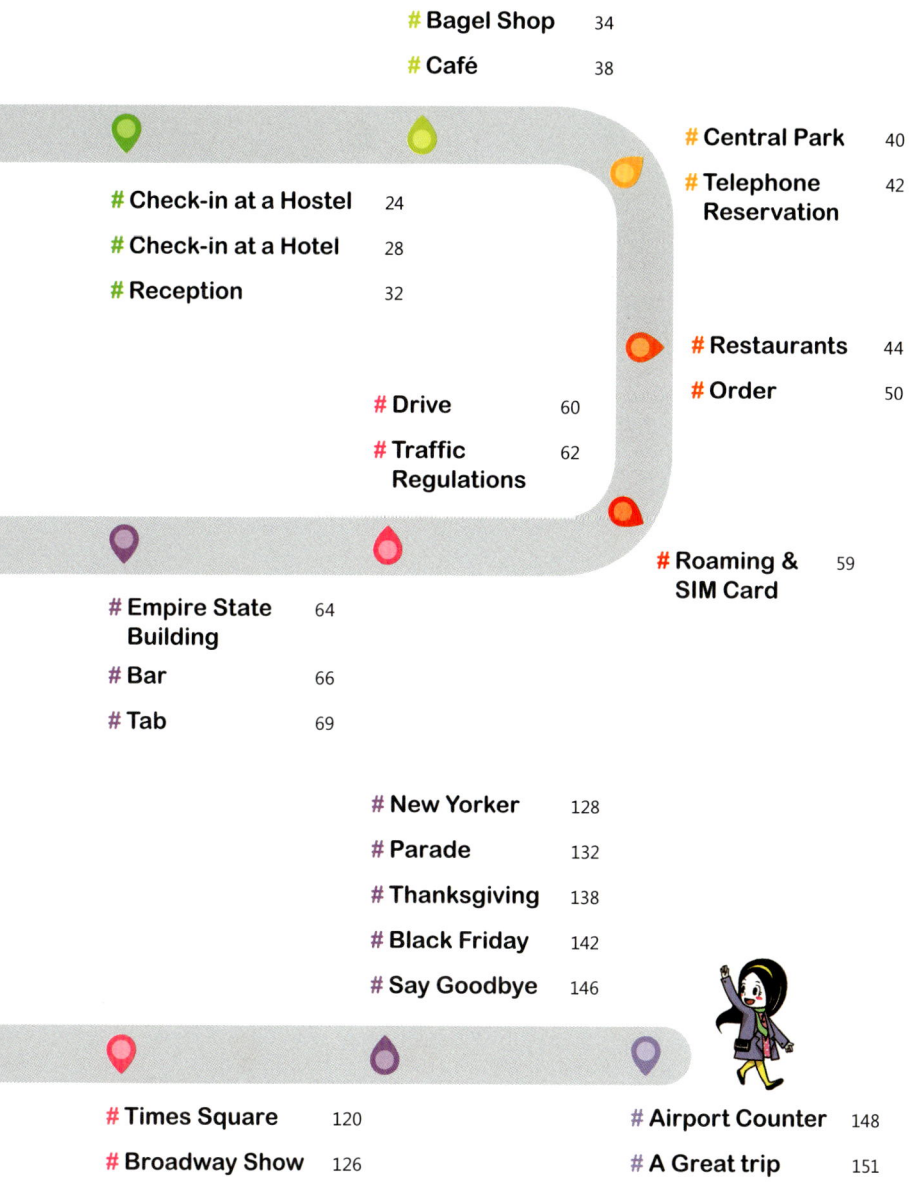

Bagel Shop 34
Café 38
Central Park 40
Telephone Reservation 42
Check-in at a Hostel 24
Check-in at a Hotel 28
Reception 32
Restaurants 44
Order 50
Drive 60
Traffic Regulations 62
Roaming & SIM Card 59
Empire State Building 64
Bar 66
Tab 69
New Yorker 128
Parade 132
Thanksgiving 138
Black Friday 142
Say Goodbye 146
Times Square 120
Broadway Show 126
Airport Counter 148
A Great trip 151

Contents

20일 뉴욕 코스

PART II
KOREAN

관광안내소 162
공항버스 163
공항철도 164
지하철 165

공항 154
입국 심사 155
세관 157

패스트푸드점 224
빠른 주문 227

뉴욕 현대 미술관 220
박물관 & 미술관 222

쇼핑 228
향수 230
여성 속옷 232
샘플 세일 234
화장품 236
신발 240

길 찾기 217
스트리트 & 애비뉴 218

약국 244

주유소 252
렌터카 254

숙소 예약 248
체크아웃 250

에어비앤비 256

베이글 가게 176
카페 180

호스텔 체크인 166
호텔 체크인 170
프런트 데스크 174

센트럴 파크 182
전화 예약 184

레스토랑 186
음식 주문 192

미국 운전 202
교통 규칙 204

로밍 & 심 카드 201

엠파이어 스테이트 빌딩 206
칵테일 바 208
탭 결제 211

뉴욕 생활 270
퍼레이드 274
추수감사절 280
블랙 프라이데이 284
작별 인사 288

타임스 스퀘어 262
브로드웨이 공연 268

공항 카운터 290
뉴욕! 이제 안녕! 293

PART I ENGLISH

Airport

Immigration

Customs

[Useful Expressions on an Airplane]

[Announcement from Pilot]

Please fasten your seat belt.

We will start our duty-free sales. If you'd like to purchase any items, please let the flight attendants know.

Would you like something to drink?

Yes, mineral water, please.

We are serving our meal now. Which would you like pasta, chicken, or beef?

Chicken, please.

We'll be landing in about 10 minutes.

We'll arrive 15 minutes behind schedule.

[Useful Expressions in Immigration]

- When you visit America for under 90 days, you don't need a visa. Instead of a visa, you need to register for ESTA, Electronic System Travel Athorization.

- When you visit America for over 90 days, you should get a visa. A tourist visa will cover 6 months. To get a visa, you should have an interview at the American Embassy.

Welcome Center

NYC Airporter

Air Train

There are single ride tickets - you can use them just one time - and unlimited ride cards for 7 days or 30 days – you can use them as often as you want in the period, but you cannot share them with another person.

Metro

Check-in at a Hostel

There are several kinds of accommodation. Hotels, hostels, or rent houses. In New York City, Hotels are expensive so many young travelers use hostels. Hostels are cheaper than Hotels, but usually you should share your room and kitchen with other guests.

[What We Need to Pack]

Multi adapter: American electricity is 110V. But your electric goods from Korea are 220V. So for using your electronic goods, you need it.

Check-in at a Hotel

Remember to give a tip in hotel, restaurant, taxi, and so on.

[Useful Expressions in a Hotel & Hostel]

Reception

Bagel Shop

You can see that Americans easily say hello. When you are in that situation, don't think it is strange. Say hello and answer lightly.

When you get service from a waiter, you should give him a tip or leave a tip on the table. But when you line up for your meal and get water or other things yourself, you don't need to leave a tip.

[Information about Tipping in America]

Tipping is common in America.
Tipping is not just common in America, but for many countries in Europe also. Remember to tip and show them your good manners!

In restaurants
- 15~20% of the amount of your food bill, except for the tax.
- 15% for lunch, 20% for dinner. It is usual.

In taxi
- 15~20% of your bill.
- 20% is usual when you have lots of luggage or heavy bags.

In hotel
- 15% of the amount of your food bill, when delivered to your room.
- 1 or 2 dollars for maid service.
- 1 or 2 dollars for bellboy service.
- 1 or 2 dollars for door man for calling taxi or ballet parking.

* For tipping in a restaurant, credit card and cash both are possible.

* If you want to tip by cash, you can leave cash on your table when you leave from the restaurant.

* If you want to tip by credit card, you can write the amount of tip on the check and give them your credit card.

But in some cases, you don't need to tip.
- In fast-food restaurants, buses, self-service cafés like Starbucks, and shopping malls.
- If you order take out in a restaurant.

Café

Central Park

[3 hours ago]

What is Wolfgang Steakhouse's number? Aha, here it is!

hmm...

Tel: 212-921-3720

New York!

Must visit sites & shops
- Central park
- MoMA
- Macy's department store
- Victoria's Secret
- Sephora

Must visit restaurants
- Wolfgang Steakhouse
- Shake Shack
- a bagel café
- a bar with a great night view

1-212-921-3720

Telephone numbers in America are 10 digits.

You should dial the country code and area code, and then the phone number.

Country code(1): 1 is the American country code. When you call Korea, you should press first +82, Korea's country code is 82.

Area code(212): 212 is the area code for New York City.

Telephone Reservation

Restaurants

In America, you should have good manners. For example, when you bump into someone by mistake or make a wrong step, you should say 'I am sorry.'

And when you need someone's help or you should pass someone in line, you should say first 'Excuse me.' politely.

In America, you should wait for your seat in the lobby – usually at the entrance. Then when it is your turn, they will call your name. There will be one waiter for your table. You should follow your waiter to the table.

In America, water is free in most restaurants. But it is just tap water, sometimes with lemons or limes inside. When you order mineral water, you should pay extra.

WOLFGANG'S
STEAKHOUSE

APPETIZERS

SEAFOOD PLATTER
JUMBO SHRIMP COCKTAIL
JUMBO LUMP CRABMEAT COCKTAIL
LOBSTER COCKTAIL
LITTLE NECK CLAMS ON THE HALF SHELL
FRESH OYSTERS ON THE HALF SHELL
WOLFGANG'S CRAB CAKE
SIZZLING CANADIAN BACON
- EXTRA THICK, BY THE SLICE TUNA TARTAR

SOUP & SALADS

SOUP OF THE DAY
MIXED GREEN SALAD
CAESAR SALAD, WITH OUR CLASSIC CAESAR DRESSING
WOLFGANG'S SALAD
SLICED BEEFSTEAK TOMATO AND ONIONS
FRESH MOZZARELLA AND BEEFSTEAK TOMATOES
CHOICE OF DRESSING: HOUSE VINAIGRETTE OR
(ROQUEFORT, EXTRA 4.95)

STEAK & CHOPS

PORTERHOUSE FOR TWO OR MORE
PRIME NY SIRLOIN STEAK
RIB EYE STEAK
RIB LAMB CHOPS

SEAFOOD

GRILLED CHILEAN SEA BASS
GRILLED SALMON
JUMBO LOBSTER 3LB. BROILED OR STEAMED

Order

In America, the waiters will often stop by your table to see if you need anything. This is how they earn their tip. They do this so you feel you had good service.

[How to Tip]

* You can tip by cash.
  Then you can leave the tip line blank and just sign. Leave the tip on the table.

* If you want to tip by credit card, you should calculate it and write it on the check.

[Information about Taxes]

* Menu price does not include taxes and tips.
* In New York City, the tax is usually 8.875%.

* Some things are tax exempt.
- Clothing and shoes under 110 dollars per item. Watches and Jewelry are not clothes, so you should pay taxes.
- Food from a grocery store
- Prescription drugs
- Newspapers and magazines
- Laundry and dry cleaning services

[Useful Expressions in Restaurants]

When you spill your drink.

If you are allergic to some food.

When your food takes too long.

When you are served the wrong food.

When there are side dishes.

When you order a salad.

Roaming & SIM Card

[Information about Roaming and SIM(Subscriber Identity Module) card]

Phone roaming

You can apply for phone roaming with your phone company in Korea. These days, many people want to use their phone abroad, there are several roaming services depending on period and price.

SIM card

If you plan to stay in America for a long time, it may be more economical to buy a SIM card. You can buy it in Korea or in America. The card is for 1 month. Prices are different depending on the company and level of service. After 1 month, you can recharge it.

Drive

Traffic Regulations

Maximum speed in New York City is 25 miles per hour. It is around 40 kilometers per hour.

- You should stop driving for 3 seconds when you come to a stop sign. Remember 3 seconds at least!
- Don't use navigation while you are driving a car.
- If you have babies or children under 8 years old, you should have a baby's car sit.
- The police make you stop driving and give you a ticket when your brake or back lights are broken. Then you should stop.

Empire State Building

Bar

What would you like to drink? Here is our wine list.

Do you want to have a cocktail? You can find those in this menu. Or we can have a bottle of wine.

This bar is famous for cocktails I think.
So I will have a cocktail.

Tab

Map

Streets & Avenues

[Street]

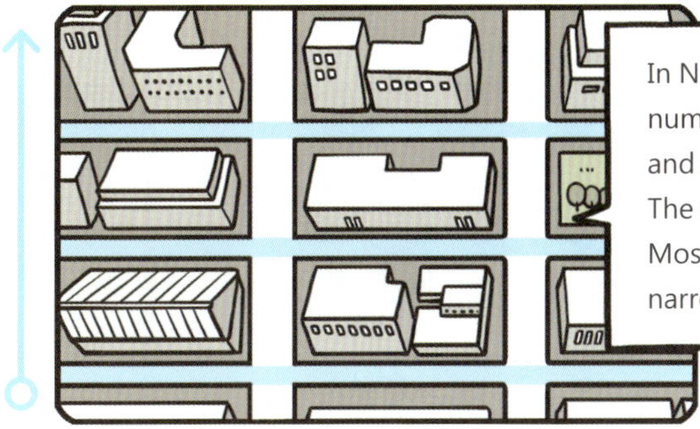

In New York City, the street numbers start at 1 in the South and count up to the North. The streets run east and west. Most streets are one way and narrow.

NORTH
WEST — EAST
SOUTH

[Avenue]

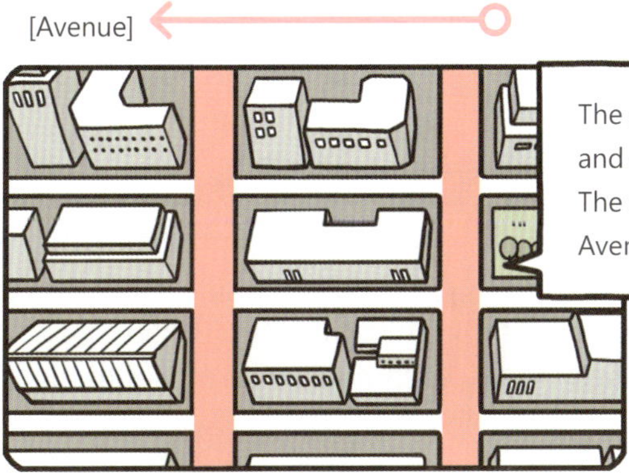

The avenues start at 1 in the East and count up to the West. The avenues run north and south. Avenues are wider than streets.

Manhattan is a planned city. If you know some rules, finding your way is not hard.

When you make an appointment, pick one intersection. Then it is easy to find. Like this: Let's meet at 53rd Street and 5th Avenue.

MoMA

I am at MoMA! MoMA opens 7 days in a week except for Thanksgiving Day and Christmas. So it is good for travelers!

The Museum of Modern Art, MoMA is the first contemporary art museum in the world. There are lots of paintings and statues. You can see the works by Rodin, Gogh, Picasso, Chagall, Monet, and so on.

Open your bag, please.

Did I do something wrong?

No, ma'am. This is just a security check before you can go in the museum.

Every indoor landmark in NYC has a security check.

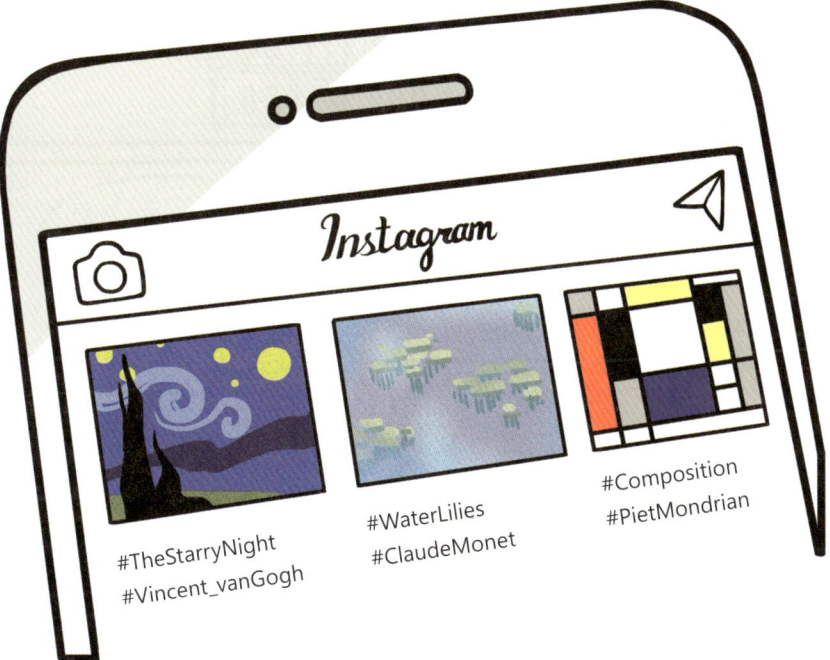

Museum

[Several days ago]

You should check which days the museums you want to visit are open.

Fast-food Restaurant

B-Line

Shake Shack began as a cart selling hot dogs in Madison Square Park in 2000. It was very popular and soon became a stand and then a building inside the park in 2004. They are popular because of the unique flavors used for their milkshakes and the high quality beef used in their burgers. The original Shake Shack is a great tourist attraction in New York City.

Shopping

[Useful Expressions While Shopping]

Fragrances

Underwear

[Underwear Size]

America uses different sizes than Korea. Bras use inches instead of centimeters.

K	US	K	US	K	US	K	US	K	US
70A	32AA	75A	34AA	80A	36AA	85A	38AA		
70B	32A	75B	34A	80B	36A	85B	38A	90B	40A
70C	32B	75C	34B	80C	36B	85C	38B	90C	40B
70D	32C	75D	34C	80D	36C	85D	38C	90D	40C
70DD	32D	75DD	34D	80DD	36D	85DD	38D	90DD	40D
			34DD		36DD		38DD		40DD

Sample Sale

Excuse me, why is everybody waiting in line?

One of my favorite brands has their sample sale here today.

What is a sample sale?

A sample sale is when they sell the clothes that the fashion models wore. They also sell display clothes and last season's clothes. They always have big discounts, 30~80% off!

[Tips for Sample Sale Shopping]

Sample sales are a good chance to buy really expensive brands for a good price. Many times, you can find clothes that are even cheaper than an outlet.

You can find information about Sample sales on New York shopping blogs.

There will not be any fitting rooms.

Many sample sales do not take credit cards, so you need to bring cash.

The very last day of the sale, there will be even bigger discounts.

There are no refunds and no exchanges at a sample sale.

Cosmetics

[Makeup and Cosmetics]

Makeup

- Foundation
- Tinted moisturizer
- Eyebrow
- Eyeliner
- Eyeshadow
- Mascara
- False eyelashes
- Blush
- Lipstick
- Liquid lipstick
- Lip stain
- Lip gloss
- Lip plumper
- Lip liner
- Lip balm & treatment
- Nail polish
- Setting spray
- Powder
- Deodorant

Shoes

> I like these shoes, can I try them on?

> Sure, what size are you?

> 270.

> ?

> Ah, my US shoe size is 9.

[Shoe Size]

These are the American shoe sizes. Women's shoes are 1 size bigger.
(Men's size 6 shoes are the same as women's size 7 shoes.)

K	US	K	US	K	US	K	US	K	US
250	7	260	8	270	9	280	10	290	11
255	7.5	265	8.5	275	9.5	285	10.5	295	11.5

[Useful Expressions for Shoe Shopping]

Pharmacy

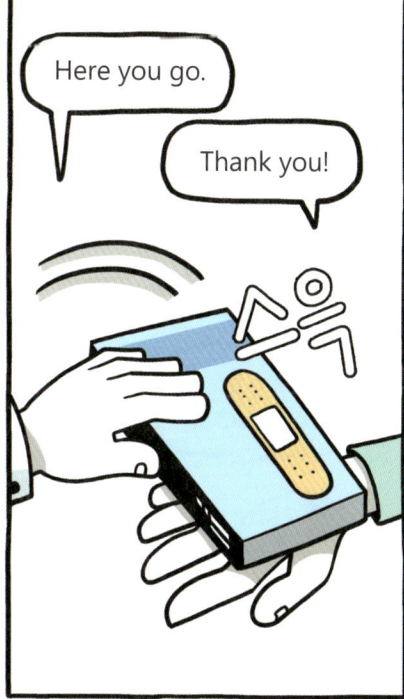

[Useful Expressions in the Pharmacy]

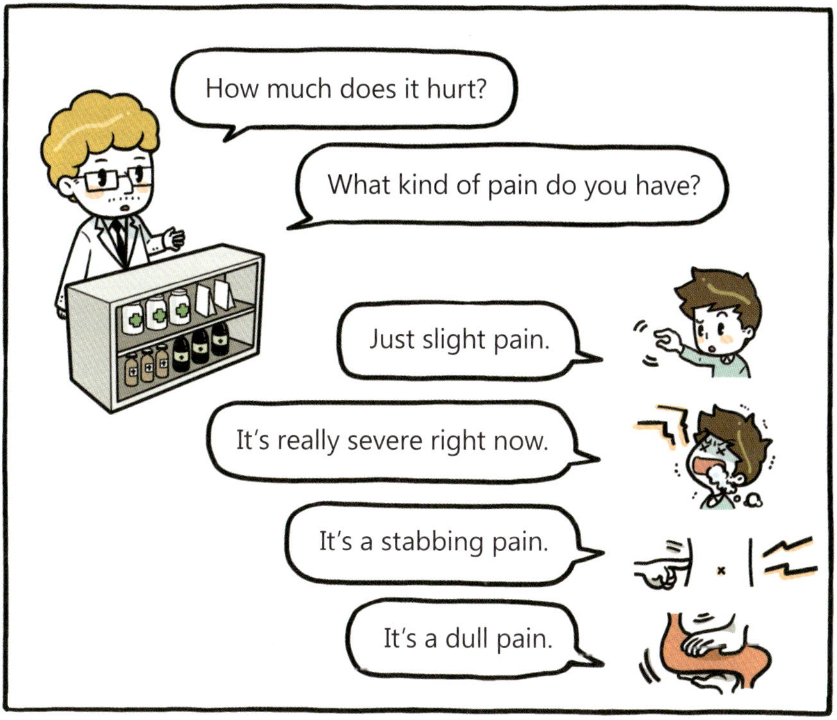

How much does it hurt?

What kind of pain do you have?

Just slight pain.

It's really severe right now.

It's a stabbing pain.

It's a dull pain.

[Kinds of Medicine]

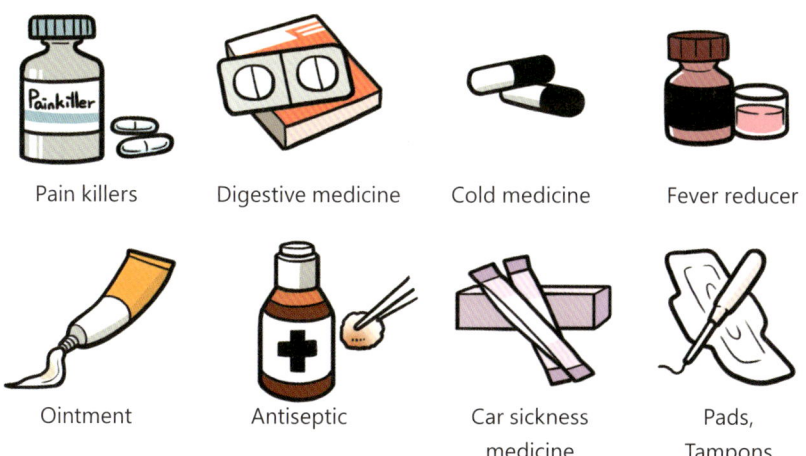

Pain killers   Digestive medicine   Cold medicine   Fever reducer

Ointment   Antiseptic   Car sickness medicine   Pads, Tampons

Reservation

Some websites like Airbnb will let you rent a house or a room in someone's house. This is called 'sub-letting'. If you use sub-letting, you should check the reviews very carefully.

Check-out

Gas Station

Most gas stations in America are self service.
The people that work there will not pump your gasoline.

[Tips for a Self-service Gas Station]

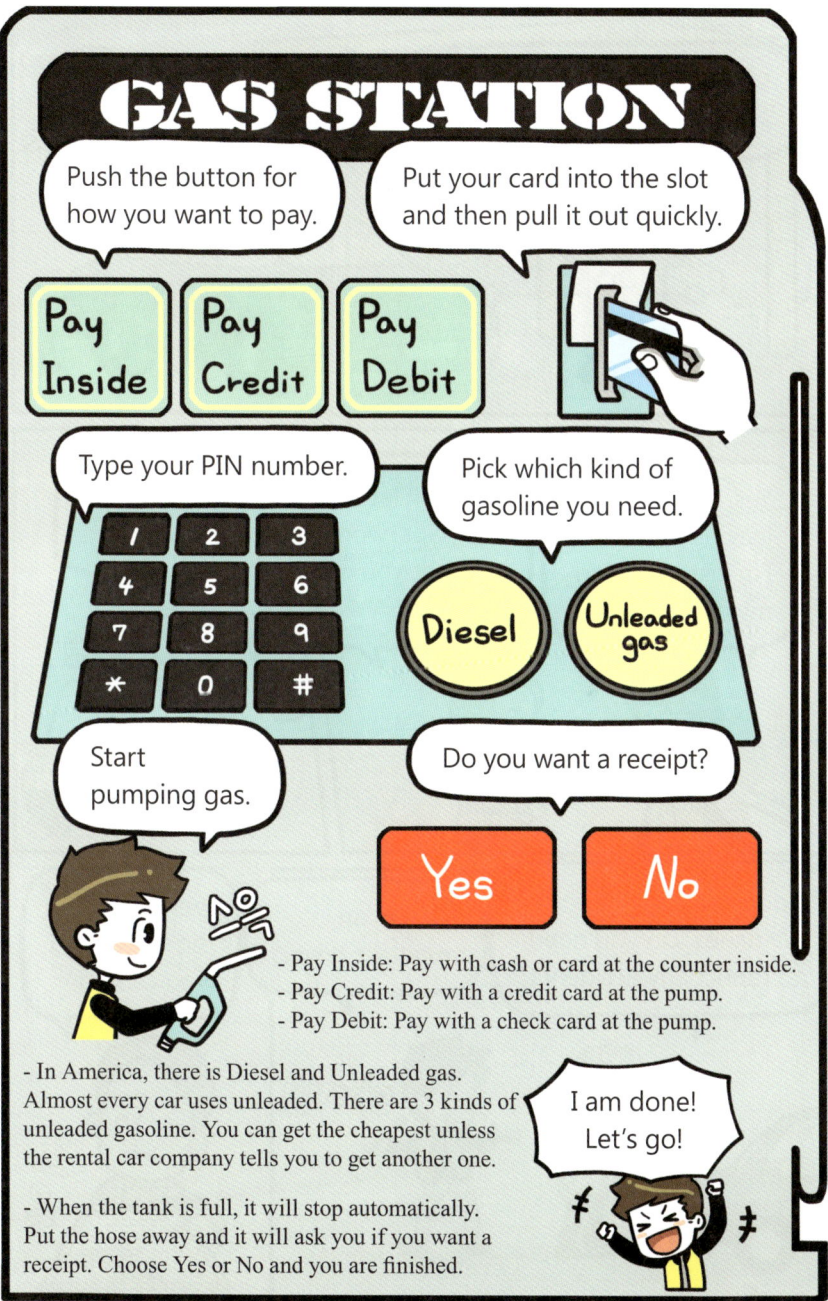

Rental Cars

[Useful Expressions for Rental Cars]

Airbnb

[20 minutes later]

We just bought our tickets to see it next year. But you could try the lottery at some other Broadway shows.

[Information about Lottery tickets at a Broadway show]

Many Broadway shows have lottery tickets.
These tickets aren't sold in advance.
If you want one, you go to the theater 3-4 hours before the show and sign up for the lottery.
If they pick your name, you can buy a pair of tickets.

Things to remember:

1) Go early so you can sign up. There are websites which tell you when the lottery will take place. (www.nytix.com)

2) Bring cash and credit card. Some shows only take cash and some only take credit cards.

3) The tickets are always sold in pairs. If you are alone, make a friend at the lottery.

4) Only put your name in once. If you are with a friend, you can each put your name in once.

K 261

Times Square

[Useful Expressions When Buying Tickets]

*Matinee means the afternoon showing.

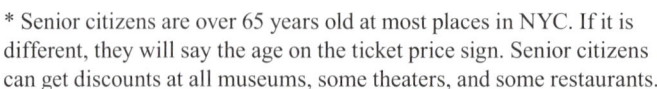

* Senior citizens are over 65 years old at most places in NYC. If it is different, they will say the age on the ticket price sign. Senior citizens can get discounts at all museums, some theaters, and some restaurants.

Broadway Show

[Some important rules you should follow in theater]

1) You must turn off any electronics.
   (cell phone, head phones, etc).

2) Don't open any candy during the play.
   Open it before the play starts or during the intermission.

3) Don't talk to the people around you, even to whisper.

New Yorker

Parade

The parade started in 1924, it's the second oldest in the country. The parade lasts for 3 hours and it has marching bands, singers, floats, and giant balloons.

[American Holidays and Expressions]

If you are in America during one of these holidays, try one of these experiences.

[New Year's Eve~New Year's Day (December 31st~January 1st)]

[Independence Day (July 4th)]

Americans like to barbeque outside, go to outdoor concerts, and finish the day with a big fireworks display.

[Halloween (October 31st)]

[Christmas (December 25th)]

[Useful Expressions for Emotion]

Thanksgiving

- Green bean casserole
- Sweet potato casserole
- Gravy
- Turkey
- Peas and carrots
- Macaroni and cheese

[Useful Expressions for Dinner]

Black Friday

[The Next Morning]

Say Goodbye

Airport Counter

[Useful Expressions in Security]

A Great Trip

공항

입국 심사

세관

[비행기에서 유용한 표현]

[입국 심사할 때 유용한 표현]

한국인이 미국에 90일 이내로 체류할 경우 무비자 입국이 가능하며,
이때 비자 대신 ESTA(미국 전자 여행허가증)을 신청하면 된다.
90일 넘게 체류하려면 비자를 발급받아야 한다. 관광 비자로는 6개월까지 체류 가능하며,
비자 신청을 위해 미국대사관에서 인터뷰를 거쳐야 한다.

관광안내소

공항버스

공항철도

메트로 카드 종류는 한 번만 사용할 수 있는 1회권, 정해진 기간 동안 무제한 이용하는 7일권, 30일권이 있다.
무제한권은 양도 금지이다.

지하철

호스텔 체크인

숙박 시설로는 호텔, 호스텔, 렌트 등 몇 가지 종류가 있다.
뉴욕의 경우 호텔 숙박료가 비싸기 때문에 많은 젊은 여행자들이 호스텔을 애용한다.
호스텔은 호텔보다 저렴하지만, 대부분 객실과 주방을 다른 투숙객과 공동 사용해야 한다.

여권을 잘 간수한다.
여행자는 언제 어디서나 여권을 소지하고 있어야 한다.

[여행 짐 싸기]

* 멀티어댑터: 한국의 전자 기기는 220V 전용이지만 미국의 전압은 110V이다. 한국 전자 기기를 사용하려면 멀티어댑터가 꼭 필요하다.

호텔 체크인

호텔, 레스토랑, 택시 등을 이용할 때 팁 주는 것을 기억하자.

[숙소에서 유용한 표현]

프런트 데스크

베이글 가게

좋은 아침!

안녕! 좋은 하루 보내요.

좋은 아침! 좋은 하루 보내...세요.

저 사람들 누구인지 기억 안 나는데, 호스텔에서 만났나?

미국인들은 모르는 사이에도 쉽게 인사를 나눠요.
이런 상황에서 낯설다고 생각하지 말고
가볍게 답 인사를 건네 봐요.

종업원에게 서비스를 받았을 땐 팁을 직접 건네거나 테이블에 올려놓는다.
하지만 줄을 서서 식사를 받거나 물 등을 셀프로 가져오는 경우, 팁을 지불할 필요는 없다.

[미국의 팁 문화]

미국에서는 일반적으로 팁을 지불한다.
미국뿐만 아니라 유럽의 여러 나라에서도 마찬가지이다.
팁을 주고 좋은 매너를 보여 주는 것을 기억하자!

레스토랑에서
- 세금을 제외한 순수 식사비의 15~20%가 적절
- 점심식사는 15%, 저녁식사는 20%가 일반적

택시를 탔을 때
- 택시요금의 15~20%가 적절
- 기사가 무거운 짐을 트렁크에 실어 주었거나 짐가방이 많은 경우 20% 지불

호텔에서
- 룸서비스 이용 시 음식 가격의 15% 지불
- 객실 청소 1~2달러
- 벨보이가 짐을 들어다 줄 때는 1~2달러
- 도어맨, 택시콜, 발렛 파킹 1~2달러

* 레스토랑에서 팁 지불은 현금과 카드 모두 가능하다.
* 현금으로 팁을 줄 때는 식사를 마친 뒤 테이블에 두고 간다.
* 카드로 팁을 줄 때는 계산서에 팁 금액을 기록해서 합산한 금액을 적고 카드를 준다.

* 아래 경우는 팁을 지불할 필요가 없다.
- 패스트푸드점, 스타벅스 같은 셀프서비스 카페, 버스기사, 쇼핑몰 직원
- 레스토랑에서 테이크아웃하는 경우

카페

[3시간 전]

울프강 스테이크하우스 번호가 뭐지?
여깄다!

Tel:
212 - 921 - 3720

New York!

꼭 가 봐야할 곳, 쇼핑할 곳
- 센트럴파크
- MoMA 미술관
- Macy 백화점
- 빅토리아 시크릿
- 세포라

꼭 가 봐야할 레스토랑
- 울프강 스테이크하우스
- 쉐이크쉑 버거
- 베이글 카페
- 야경 전망 좋은 바

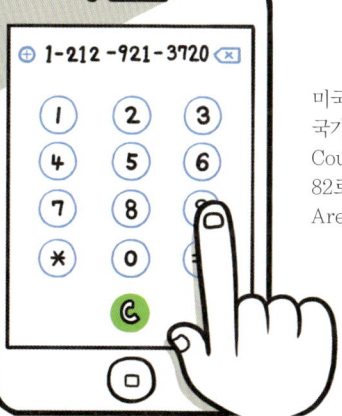

미국 전화번호는 지역번호 포함한 10자리이다.
국가번호와 지역번호를 누른 후 전화번호를 눌러야 한다.
Country code(1): 미국의 국가 번호. (한국의 국가 번호는 82로, 한국에 전화를 걸 땐 +82를 먼저 눌러야 한다.)
Area code(212): 뉴욕의 지역 번호

전화 예약

레스토랑

미국에서 좋은 매너를 갖추자. 미국의 거리나 가게에서 실수로 사람들과 부딪히거나 발을 밟았을 때는 반드시 'I am sorry.'라 하고, 도움이 필요하거나 먼저 지나가야 할 때는 예의 바르게 'Excuse me.'를 건네도록 한다.

미국에서 식당을 이용할 시 보통은 입구에서 좌석 안내를 기다려야 한다. 차례가 되면 직원이 손님의 이름을 부르는데, 테이블에 따라 담당 웨이터가 있으므로 그 웨이터를 따라 좌석으로 가야 한다.

미국의 대부분 식당에서 물은 무료로 제공한다. 무료 제공하는 물은 수돗물이거나 또는 종종 수돗물에 레몬 또는 라임 한 조각을 넣은 것이다. 만약 생수를 주문하고 싶다면 추가 요금을 내야 한다.

WOLFGANG'S
– 울프강 스테이크하우스 –

애피타이저

해산물 모둠 요리
점보 새우칵테일
점보 게살칵테일
랍스터 칵테일
한쪽 껍질을 벗긴 어린 대합 조개
한쪽 껍질을 벗긴 생굴
울프강 크랩 케이크
구운 캐나다식 베이컨 – 참치 타르타르 추가 가능

수프 & 샐러드

오늘의 수프
모둠 그린샐러드
울프강 스테이크 하우스의 특제 시저 소스를 올린 샐러드
울프강 샐러드
얇게 썬 대형 토마토와 양파
신선한 모짜렐라와 대형 토마토
드레싱 하우스 비네거(블루치즈 선택시 추가 비용 4.95달러)

스테이크 & 구운 요리

포터하우스 스테이크 2인 이상
프라임 뉴욕 채끝등심 스테이크
꽃등심 스테이크
양갈비 스테이크

해산물

칠레산 농어 구이
연어 구이
대형 바닷가재 3파운드(약 1.4kg). 철판구이 또는 찜

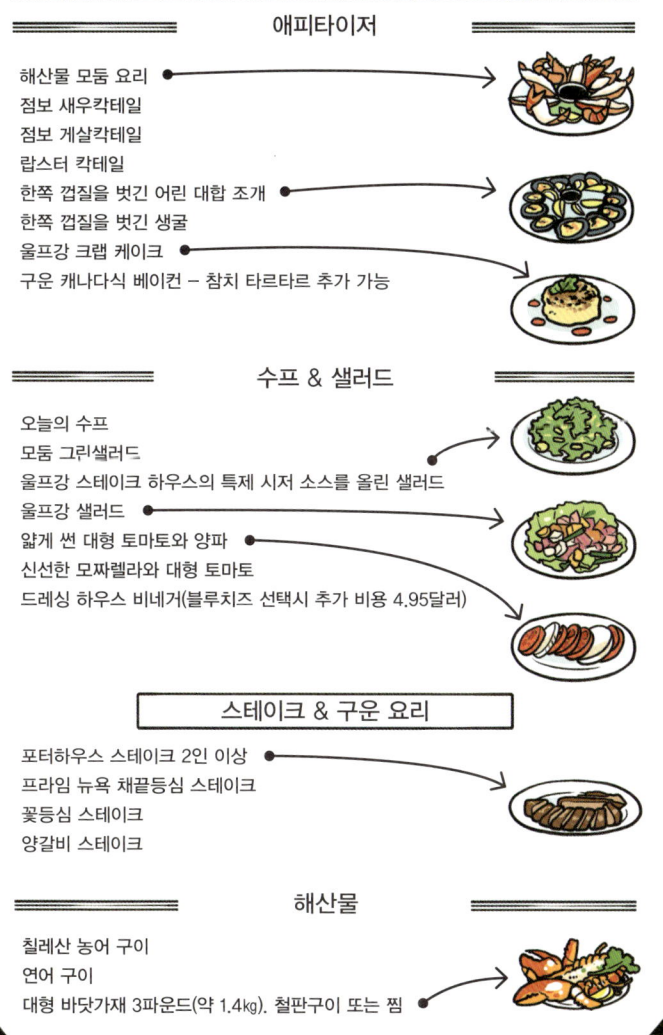

음식 주문

미국에서는 웨이터가 종종 테이블 옆에 멈춰 서서 손님에게 필요한 게 있는지 묻는데, 이를 통해 손님이 만족스런 서비스를 받았다는 느낌을 주며 팁을 받는다.

[팁 주는 방법]

* 팁을 현금으로 지불할 수 있다.
  계산서의 팁 칸은 비워 두고,
  테이블에 현금을 두고 가면 된다.

* 팁을 신용 카드로 지불하고 싶다면,
  금액을 계산하여 계산서에 적으면 된다.

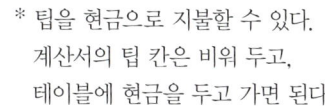

[세금 관련 정보]

* 메뉴판 가격은 세금과 팁을 포함하지 않는다.
* 뉴욕은 세금이 8.875% 부과된다.

* 세금을 부과하지 않는 경우도 있다.
  - 개당 110달러를 넘지 않는 의류와 신발
    (단, 시계와 주얼리는 세금을 부과함)
  - 식료품점에서 판매하는 음식
  - 처방전을 필요로 하는 약
  - 신문, 잡지
  - 세탁 및 드라이클리닝 서비스

[음식점에서 유용한 표현]

음료를 쏟았을 때

알레르기가 있을 때

주문한 음식이 오래도록 안 나올 때

음식이 잘못 나왔을 때

사이드메뉴가 있을 때

샐러드를 주문할 때

로밍 & 심 카드

정말 고마워, 애비. 거기서 꼭 먹고 싶었는데 네 덕분에 먹을 수 있었어.

별 말씀을. 유명한 식당 가려면 예약을 꼭 해야 돼.

아는데, 휴대폰 로밍을 못 해서 그랬어. 내일은 심 카드 사러 갈 거야. 근데 오늘 밤에 넌 뭐 해?

글쎄...

내 차로 엠파이어 스테이트 빌딩 구경 갈래?

좋아!

[휴대폰 로밍 및 심 카드 관련 정보]

휴대폰 로밍하기

한국에서 이용하던 통신사에 로밍을 신청할 수 있다. 최근 많은 사람들이 외국에서 휴대폰을 사용하기 때문에, 로밍 기간과 가격에 따라 다양한 서비스를 이용할 수 있다.

심 카드 이용하기

미국에 오래 머무를 거라면 심 카드를 구매하는 게 경제적이다. 심 카드는 한국 또는 미국에서 살 수 있다. 한 달 동안 쓸 수 있으며, 이용 회사와 서비스 범위에 따라 가격은 달라진다. 한 달 후에는 충전을 해야 한다.

미국 운전

교통 규칙

맨해튼의 대부분의 도로에는 'No Standing' 표지판이 있는데, 이 표지판이 세워진 길에서는 정차할 수 없다. 차를 멈추고 길가에 세워서는 안 된다.

어떤 도로에서는 빨간 신호등일 때 우회전을 할 수 있기도 하나, 뉴욕의 거의 모든 도로에서는 빨간 신호등일 때 우회전할 수 없도록 정하고 있다.

뉴욕 시내에서의 규정 최대 속도는 시속 25마일(= 약 40km/h)이다.

- 왼쪽과 같은 일시 정지 표지판이 보인다면 3초간 정차해야 한다. 반드시 최소 3초간 정차해야 한다.
- 주행 중에 내비게이션을 조작해서는 안 된다.
- 8세 미만의 아동이 탑승할 경우, 카시트에 앉혀야만 한다.
- 브레이크 또는 후미등이 고장인 경우 경찰이 차를 세워 위반 딱지를 부과하는데, 반드시 정차해야 한다.

엠파이어 스테이트 빌딩

칵테일 바

탭(Tab) 결제

길 찾기

스트리트 & 애비뉴

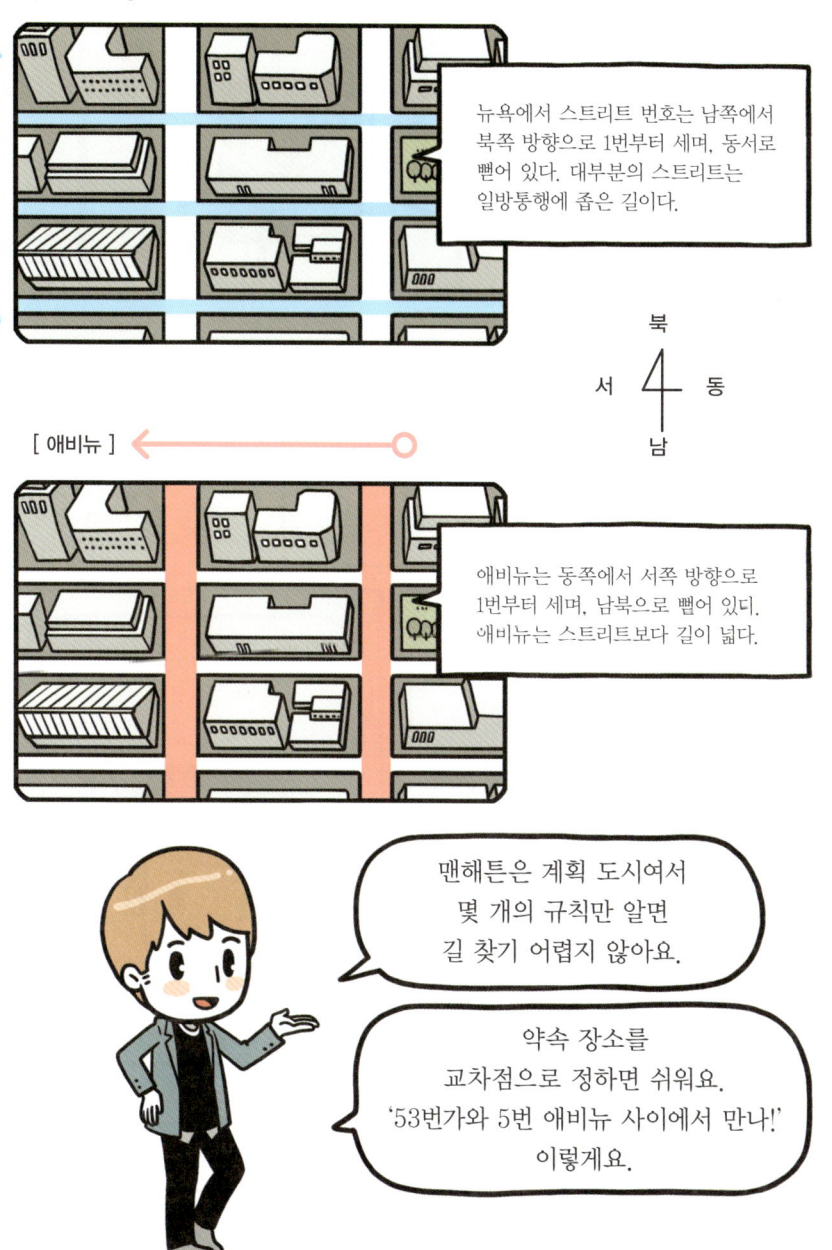

뉴욕 현대 미술관 (MoMA)

MoMA는 세계 최초의 현대 미술 박물관으로, 많은 그림과 조각들이 있다. 로댕, 고흐, 피카소, 샤갈, 모네 등의 작품을 볼 수 있다.

뉴욕의 모든 실내 유명 장소에는 보안 검사가 있다.

박물관 & 미술관

[며칠 전]

박물관이나 미술관을 방문하기 전에 휴관일을 반드시 확인해야 한다.

메트로폴리탄 미술관은 매일 개관한다. 추수감사절과 크리스마스에만 휴관한다.

난 지금 메트로폴리탄 미술관에 왔어. 여긴 런던의 대영 박물관, 파리의 루브르 박물관, 상트페테르부르크의 에르미타주 미술관과 함께 세계에서 가장 큰 미술관이야!

빠른 주문 (B-Line)

쉐이크쉑버거는 2000년 매디슨스퀘어파크에서 핫도그를 팔던 이동식 가게에서 시작되었다. 금세 인기를 얻은 쉐이크쉑버거는 곧 한자리에서 장사하게 되었고 2004년에는 매디슨스퀘어 내부의 건물로 자리 잡았다. 독특한 향의 밀크셰이크와 품질 좋은 소고기를 사용한 버거로 인기가 높다. 쉐이크쉑버거 1호점은 뉴욕의 관광 명소이다.

쇼핑

[쇼핑할 때 유용한 표현]

향수

여성 속옷

[미국 여성 속옷 사이즈]

미국은 한국의 사이즈 표기와 다릅니다. 여성 상의 속옷의 경우 센티미터 대신 인치로 표기합니다.

한국	미국	한국	미국	한국	미국	한국	미국	한국	미국
70A	32AA	75A	34AA	80A	36AA	85A	38AA		
70B	32A	75B	34A	80B	36A	85B	38A	90B	40A
70C	32B	75C	34B	80C	36B	85C	38B	90C	40B
70D	32C	75D	34C	80D	36C	85D	38C	90D	40C
70DD	32D	75DD	34D	80DD	36D	85DD	38D	90DD	40D
			34DD		36DD		38DD		40DD

샘플 세일

저기요, 왜 다들 줄 서 있어요?

오늘 제가 가장 좋아하는 브랜드 중 한 곳에서 샘플 세일을 해서요.

샘플 세일이 뭔가요?

샘플 세일은 패션 모델이 입었던 옷이나 진열했던 상품, 지난 시즌의 옷들을 파는 거예요. 30~80퍼센트까지 대폭 할인하죠!

[샘플 세일 관련 정보]

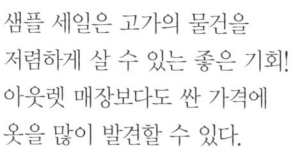
샘플 세일은 고가의 물건을 저렴하게 살 수 있는 좋은 기회! 아웃렛 매장보다도 싼 가격에 옷을 많이 발견할 수 있다.

뉴욕 쇼핑 블로그에서 샘플 세일 정보를 얻을 수 있다.

탈의실은 없다.

많은 샘플 세일에서 신용 카드는 받지 않으므로 현금을 준비해 간다.

세일 마지막 날에는 할인폭이 더 커진다.

교환, 환불은 불가능하다.

화장품

[화장품 목록]

[미국 신발 사이즈]

미국 신발 사이즈 표를 참조하자. 여성용 표기는 남성용에 1을 더하면 된다.
(남자 사이즈가 6이라면 같은 길이의 여성 신발은 7로 표기된다.)

한국	미국	한국	미국	한국	미국	한국	미국	한국	미국
250	7	260	8	270	9	280	10	290	11
255	7.5	265	8.5	275	9.5	285	10.5	295	11.5

[신발 살 때 유용한 표현]

약국

[약국에서 유용한 표현]

얼마나 아프세요?

어떻게 아프세요?

조금 아파요.

진짜 심하게 아파요.

콕콕 찌르듯이 아파요.

눌린 듯이 아파요.

[약의 종류]

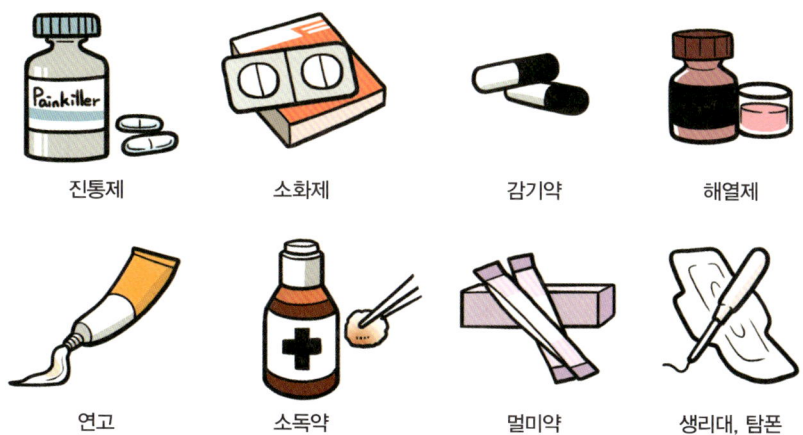

| 진통제 | 소화제 | 감기약 | 해열제 |

| 연고 | 소독약 | 멀미약 | 생리대, 탐폰 |

체크아웃

주유소

미국의 주유소는 셀프서비스이다.
주유소 직원들이 기름을 넣어 주지 않는다.

[셀프 주유소 이용 방법]

렌터카

[차를 렌트할 때 유용한 표현]

에어비앤비

> 우리는 내년에 보기 위해 티켓을 샀답니다.
> 아마 두 분은 로터리 티켓으로
> 다른 브로드웨이 쇼를 볼 수 있을 거예요.

[로터리 티켓 관련 정보]

많은 브로드웨이 쇼는 로터리 티켓을 가지고 있다.
이 표들은 미리 예매되지 않으며,
원한다면 극장에 가서 공연을 하기 3~4시간 전
로터리 티켓에 응모한다.
당첨된다면 2장의 표를 살 수 있다.

기억할 것

1) 일찍 가서 등록한다.
   로터리 티켓 오픈을 알려 주는
   웹사이트가 있다.
   (www.nytix.com)

2) 현금과 신용 카드를 가져간다.
   어떤 쇼는 현금만을,
   어떤 쇼는 신용 카드만을 받는다.

3) 표는 항상 2장씩 판매하므로
   혼자라면 로터리 티켓 친구를 만든다.

4) 한 번씩만 응모할 수 있다. 만약 친구와
   함께라면 각각 한 번씩 응모할 수 있다.

타임스 스퀘어

[**공연 티켓 살 때 유용한 표현**]

* '마티네'란 오후 공연을 의미한다.

* 뉴욕에서 노령자(경로 우대)는 65세 이상을 말한다. 만약에 기준 나이가 다르다면 티켓 가격 표지판에 그 나이를 표한다. 노령자는 박물관, 일부 극장과 레스토랑에서 할인을 받을 수 있다.

브로드웨이 공연

[공연장에서 지켜야 할 중요한 규칙]

1) 전자 기기의 전원을 꺼야 한다. (휴대폰, 헤드폰 등)
2) 공연 중에 간식을 개봉해서는 안 된다.
   공연 시작 전 또는 중간 쉬는 시간에만 먹을 수 있다.
3) 소근거림일지라도 옆 사람과 이야기하면 안 된다.

뉴욕 생활

퍼레이드

이 퍼레이드(메이시의 추수감사절 퍼레이드)는 1924년에 시작되었는데, 미국에서 2번째로 오래됐다. 3시간 가량 행진하고 밴드와 가수, 장식 차량, 자이언트 벌룬이 뒤를 따른다.

[미국 공휴일과 상황 표현]

공휴일에 미국을 방문하게 된다면 아래의 표현으로 말해 보세요.

[12월 31일 ~ 1월 1일 (새해)]

해피 뉴이어!

새해 복 많이 받아요!

[7월 4일 (독립 기념일)]

해피 인디펜던스 데이!

야외에서 바비큐를 먹거나 야외 콘서트 관람을 하고 불꽃놀이로 마무리한다.

[10월 31일 (핼러윈)]

트릭 오얼 트릿!

과자 안 주면 장난칠 테야!

해피 핼러윈! 뱀파이어 복장 좋은데.

[12월 25일 (크리스마스)]

메리 크리스마스!

즐거운 성탄절이에요!

[감정을 나타낼 때 유용한 표현]

[놀라움]

[즐거움]

추수감사절

완두콩 캐서롤
고구마 캐서롤
그레이비
칠면조
완두콩과 당근
치즈 마카로니

[저녁식사할 때 유용한 표현]

블랙 프라이데이

작별 인사

공항 카운터

[보안 심사대에서 유용한 표현]

뉴욕! 이제 안녕!

#엠파이어_스테이트_빌딩 #뉴욕전경

#자유의_여신상 #랜드마크